LA VEJEZ DEL POETA

Javier Salvago

LA VEJEZ DEL POETA

SEVILLA • RENACIMIENTO
CALLE DEL AIRE

www.editorialrenacimiento.com
BUGANVILLA, I • 41907 VALENCINA DE LA CONCEPCIÓN (SEVILLA)
tel.: (+34) 955998232 • editorial@editorialrenacimiento.com

Diseño de cubierta: Marie-Christine del Castillo

DEPÓSITO LEGAL: SE 353-2026 • ISBN: 979-13-87939-59-5
Impreso en España • Printed in Spain

«—Entonces, ¿qué esperas para morirte?
—La muerte, Susana.
—Si es nada más eso, ya vendrá. No te preocupes».

Pedro Páramo, JUAN RULFO

I
LA VEJEZ DEL POETA

No digo que esté mal hecho
el mundo ni que la vida
no merezca ser vivida.
Lo que me quema es el hecho
de vivir insatisfecho
por no entender el sentido
de andar, cansado y perdido,
un camino cuya suerte
es conducirte a la muerte,
a la nada y al olvido.

CUARENTA AÑOS MÁS TARDE

EL médico me manda –de nuevo, como antaño–
no escribir más. O, al menos, que entierre el desencanto,
que me olvide de historias tristes y de monsergas,
que deje para el cante jondo la pena negra,
que disfrute de todo lo bueno y lo sagrado
que para nuestra dicha y goce fue creado
y que no me torture con fantasmagorías
que solo sirven para amargarnos el día.
Que no intente saber lo que nunca ha sabido
nadie: por qué nacemos y para qué vivimos.
Que lo que venga luego, ya vendrá. Pero ahora
lo que toca es vivir con afán cada hora.
Que haga como hacen tantos admirables colegas
que hasta lo más humilde y simple lo celebran.
Que sea razonable, pues no es inteligente
despreciar lo que tanto duele cuando se pierde.
Que renuncie al cargante pesimismo que todo
lo enturbia y lo ensombrece, que sea generoso
y aprenda a valorar el prodigioso y raro
privilegio de estar vivo y poder contarlo.
Que no me obstine en ser el penoso aguafiestas
que desafina frente al coro de poetas
que cantan las inmensas bondades de la vida.
Que mire el lado noble y amable, que no insista
en ver solo lo sucio y lo feo del mundo…
—Se intentará, doctor, mas para darle gusto
tendría que estar ciego, sordo y mudo.

LA VEJEZ DEL POETA

TANTOS poemas, tantos libros,
tantas historias, tanta vida,
tanto luchar con las palabras
buscando siempre la precisa.

Tanto querer probarlo todo
por no querer hablar de oídas.
Tanto vivir para contarlo.
Tanto apostar por la poesía.

Tanto seguir, como un iluso,
tu vocación sin otras miras
que la verdad y la belleza,
en guardia siempre, noche y día.

Dejar tus versos, una obra
—válida o no, que el lector diga—,
gratis, a costa de tu tiempo,
de tu dinero y tu energía,

para acabar viejo, cansado
de ti, del mundo, de la vida,
de la verdad, de la belleza,
de la ilusión de la poesía.

CANCIÓN PARA ESE DÍA

VARIACIONES SOBRE UNOS HAI-KAIS DE MANUEL MACHADO

AHORA sí
que se ve
ya venir.

Ahora sí
que el final
está aquí.

Que esto es
—ahora sí—
la vejez:

la aridez,
no esperar
ningún tren.

Ahora sí
que está el barco
al partir.

Sin saber
si es el fin
o hay después.

Se acabó,
no da más
la función.

Cae el telón.
Se desnuda
el actor.

Ahora sí
que la muerte
está aquí.

Ahora sí
que se ve
ya venir.

No posar, no fingir,
aunque Pessoa diga
que somos fingidores
los poetas —la cita
aclara que el dolor
fingido no es mentira—.
Que no sea un adorno
vano la poesía,
sino respiración,
naturaleza, vida.
Escucharte a ti mismo
mucho más que a las musas.
Conversar con el hombre
que dentro de ti habita.
Rechazar, corregir
hasta que el verso diga
lo que debe decir,
lo que quieres que diga.
Y lo más importante:
no escribir tonterías.

PALABRA
suprema
que quema.
(No un abra-

cadabra).
Extrema,
blasfema…
Que abra

punzante
la mente,
la vida.

Que cante,
que cuente
la herida.

EMPRESA
fallida,
la vida.
Qué espesa.

Qué dura,
qué larga
y amarga
tortura.

Tediosa,
costosa,
molesta.

Adusta,
injusta…
Impuesta.

LA FELICIDAD

EL verano, la vida
sin deberes ni escuela.
Las mantas en el suelo
a la hora de la siesta.

El agua helada y clara
de una dichosa alberca
—y el burrito en la noria
dando vueltas y vueltas—.

Los palos en los charcos
para atrapar libélulas.
Las bolas o canicas
rodando por la tierra.

Recién regado el cine,
abierto a las estrellas,
y en su sábana blanca
mil sueños y quimeras.

Mayor felicidad
no conocí que esa.

LA INFANCIA

El ogro, la bruja,
el hombre del saco.
La muerte, el infierno,
la culpa, el pecado.

La escuela, el maestro,
las burlas, los palos.
Los locos que pasan
riendo y cantando.

La soga en el cuello
del desesperado.
El cuartel –los hombres
que entran, señalados

por algún vecino,
y salen temblando–.
Las calles oscuras,
los cuartos cerrados.

Los muertos que duermen
en el camposanto
–sus lúgubres sombras
de noche vagando–.

El miedo a los monstruos
que acechan debajo
de la cama, el miedo
dentro del armario.

Terrores nocturnos,
diurnos espantos...
Y era el paraíso
cuando la evocamos.

Bendita memoria
que olvida lo malo.

ALELUYAS DEL ORDENADOR Y EL GATO

A Zombi, mi gato

QUIÉN me iba a decir a mí,
cuando empezaba a escribir,
que acabaría escribiendo
poemas en un invento
que te conecta en segundos
con el mundo y sus submundos
y pone todo el saber,
con solo un lance de red,
a tu alcance y a tu antojo.
¡Prodigio maravilloso!

Pero es más extraordinario,
por increíble y por raro
—dada la escasa empatía
que entre nosotros había
en aquella fiera infancia
de arañazos y pedradas—,
que yo escriba con un gato
dormitando en mi regazo.

PEQUEÑO gorrión,
humilde, que no espera
la admiración de nadie
y dichoso se entrega

a vivir otro día
su prosaica existencia
—comer, volar lo justo,
cuidar la descendencia—

sin llamar la atención
para que nadie quiera
tenerlo en una jaula,
preso por su belleza,

por sus canoros trinos
o sus plumas de seda.
Que otros busquen la vana
adoración, que crean

que por sus dulces cantos
o su hermosa apariencia
serán los más queridos,
y que será una fiesta

su vida, que tendrán
siempre, sin más molestia,
llenos sus comederos
de alpiste y agua fresca.

Esa será su cárcel
por dorada que sea.
Humilde gorrión
que libre salta y vuela.

QUE trae mala suerte, dicen del gato negro.
Para mí fue una dicha que llegaras, pequeño,
negro como la noche, cálido, suavecito,
a vivir con nosotros como el más consentido.
Aunque fue algo traumática la primera impresión
—yo entonces de los gatos tenía mala opinión,
por no llamarlo fobia, desconfianza o miedo;
no era, en el fondo, más que desconocimiento—,
desde que me ganaste no imagino vivir
sin verte, sin oírte, sin tus caricias, sin
esa forma tan tuya de hacernos compañía
como si no estuvieras, pero que tanto abriga.

Cómo vivir sin ti durmiendo en mi regazo
mientras leo o escribo, y sin tus arañazos.
Si supieras lo mucho que has templado esta casa,
las malas vibraciones que has ahuyentado, tantas
tensiones relajadas con un meneo de cola
o poniendo esas caras tan engatusadoras.
Las mejores sonrisas de estos años te debo,
y solo tú consigues que despierte riendo.
Para mí es un orgullo que comas de mi mano
y que me consideres abuelo, padre, hermano…
Alguien de tu familia de quien fiarte, a medias,
porque tu confianza total jamás la entregas.

Ni siquiera sospechas lo importante que eres
—aunque sé que los gatos lleváis en los genes
el recuerdo tatuado de un pasado divino—,
pero sin ti esta casa no sería lo mismo.
Le faltaría todo lo que de ti la llena:
tu genio, tu elegancia, tu gracia, tu inocencia,
esas miradas brujas, fijas, como si vieras
en la penumbra cosas que solo tú detectas,
tus andares de *sheriff* o de fiera al acecho
—tan cómicos—, tu orgullo, esos sustos tremendos
que nos das si te escondes en un nuevo escondrijo
y nos desesperamos temiendo que te has ido.

Friolero, dormilón, pasota, independiente,
pero también mimoso y tierno, cuando quieres.
Quién podía pensar, cuando os temía tanto,
que un día giraría mi vida en torno a un gato,
que llegaría a casa con la ilusión de verlo,
que sería feliz si él estaba contento,
que dormiría tranquilo viéndolo sano y fuerte,
que no soportaría la idea de su muerte,
y que mi buena suerte —el tópico es un cuento—
fue el día que entró en casa Zombi, mi gato negro.

CUÁNTO
dolor
hay
ahí.
Ay,
infancia.

LA MUJER DE MI VIDA

LA mujer de mi vida tiene los ojos verdes
como las esperanzas no cumplidas. Es fuerte.
Puede parecer frágil, pero con todo puede.

Aunque el dolor la tumbe, no se queda en la cama
ni en los días de fiesta. No deja de hacer nada
que deba hacer. Es seria; es decir, responsable.
Delante de los suyos, para ella, no hay nadie,
y, con verlos felices, podría ser feliz.

Es leal sin esfuerzo, fiel por naturaleza.
Sabe soñar y sueña con los pies en la tierra.
No habla mal de la gente y no sabe mentir.

Razona y lo analiza todo. Es perfeccionista,
pero no porque vaya de perfecta y de lista,
sino porque le gusta hacer las cosas bien.

Es tierna y cariñosa, aunque ya no se fía
y se cierra, temiendo que le abran otra herida.
No ha sido nada fácil la historia junto a mí.

El trabajo, los líos, el estrés, el dinero,
el obsesivo tiempo que robaban los versos…
Y pasaban los años y pasaba otro tren.

Yo no sé qué habría sido de mí sin ella.
El desastre que soy, el desastre que era,
aguanta todavía porque ella ha estado ahí.

La mujer de mi vida tiene los ojos verdes
como las esperanzas no cumplidas. Es fuerte,
pero la vida es dura, y aprieta, y ya no puede.

VIEJOS

A través de los ojos
de un viejo mira un niño,
un hosco adolescente,
un joven aturdido,
un hombre desganado
en medio del camino...

A través de los ojos
de un viejo miran todos
los que ese viejo ha sido.

A mi edad, no me duele
el daño que me han hecho.
—Ni lo recuerdo—.
Solo me duele
el daño que yo he hecho.

DICEN que la vida es buena,
que es un regalo divino,
pero yo ni harto de vino
veo que merezca la pena
esta insufrible cadena
de dolor y de trabajo,
de fatigas a destajo
por cuatro ratos de gozo
que acaban siempre en un pozo.
Y al fin, todos al carajo.

MI VIAJE DEFINITIVO

¡Dios mío, qué solos
se quedan los muertos!
G. A. BÉCQUER

Y yo me iré, como nos vamos todos,
y ya nada tendrá que ver conmigo.
Todo cuanto era dejará de ser
para ser solo pasto del olvido.
La vida, el mundo, su aflicción,
sus ambiciones y delirios
atrás se quedarán... Adiós los sueños.
Adiós todo lo odiado y lo querido.
Adiós, por siempre adiós... Dios mío, qué solos,
allá en la tierra, se quedan los vivos.

LA VITA È BELLA

ROBERTO BENIGNI

LA vida no es bella,
ni un juego de niños.
La vida es un campo
de exterminio.

HAIKUS

I

HACER sencillo
y fácil lo complejo,
claro lo oscuro.

II

QUÉ larga se hace
la vida —se quejaba
la mariposa.

III

DIJO el problema:
—Frente a la solución
me multiplico.

IV

LLUEVE y se alegra
la ciudad. Esta tarde
toca ducharse.

V

La lluvia canta
canciones que alguien dentro
de ti recuerda.

VI

Cabe el infierno
dentro de una botella.
También el cielo.

VII

Haber nacido:
esa fue la condena.
¿Cuál fue el delito?

VIII

Abro los ojos,
y el mundo está más feo
cada mañana.

IX

Abro los ojos,
y el mundo da más miedo
cada mañana.

X

Y, sin embargo,
nunca fuimos mejores
ni más humanos.

XI

TODO se acaba.
A veces, de la noche
a la mañana.

LLEGAR a viejo con memoria
y con conciencia es el infierno.
En toda vida hay episodios
de los que quema su recuerdo.

Flashes que estallan en la mente
y encienden los remordimientos.
Se agrava todo con los años,
todo se ve mucho más negro.

Cualquier error sin importancia
en otra edad y en su momento,
se siente ahora como un clavo
en el zapato o en el pecho.

Y te reprochas ¿por qué lo hice,
en qué pensaba, estaba ciego?
¿Cómo no vi las consecuencias
de aquel mal paso, de aquel juego?

¿Qué me pasaba? ¿Cómo pude
ser tan cobarde, ser tan necio,
tan insensible, tan ridículo,
tan arrogante, tan patético?

Y no hay excusa. No nos vale
decirnos lo que ya sabemos:
que éramos jóvenes o bobos,
que nadie llega aquí sabiendo;

que hay que pagar la inexperiencia
con fallos, golpes y tropiezos.
De humanos es equivocarse,
y, al fin y al cabo, ¿tú que has hecho

más que vivir y equivocarte?
No hay en tu armario ningún muerto.
–Aunque matar, también se mata
con las palabras y el silencio–.

En toda vida hay episodios
de los que quema su recuerdo.
Flashes que estallan en la mente
y encienden los remordimientos.

Van con nosotros de equipaje.
Son nuestro propio infierno.

CONTRA LA VIDA

y la vida no es noble, ni buena, ni sagrada
FEDERICO GARCÍA LORCA

PERDONAS y disculpas sus engaños,
sus dolores, su absurdo, su violencia.
Aceptas resignado que este mundo
es un valle de lágrimas, y que ella,
aunque nos muela a golpes y nos mate, es buena.

Como un don o un regalo la agradeces
y la defiendes, la amas, la respetas
sin ver que es el gran mal, pues de ella nacen
todos y cada uno de los males
que de continuo nos acechan.

Nada ni nadie te atormentaría
–ni angustias ni temores ni problemas–,
todo te lo ahorrarías,
si no hubieses nacido y no vivieras.

—También los besos, el placer, la dicha.

UN AÑO MENOS

Al poeta Emilio Barón, en su 66 cumpleaños

CUMPLIR años, Emilio, en esta cárcel
de la vida, es cumplir años de pena.
Cada año es un año redimido,
un año por restar de la condena.

Un año ya comido, un año menos
de encierro, que piadoso nos acerca
a lo que todo presidiario ansía,
a lo que todo presidiario espera:

la libertad. De aquí solo se sale
por la temida y misteriosa puerta
de la muerte, brutal liberación
que asusta mucho más que las cadenas.

PENÚLTIMO RETRATO

TRAS UNA RELECTURA DE *LUCES DE BOHEMIA*

A punto de cumplir setenta años,
muy cansado y muy viejo —aunque por fuera
no se me vea tan mal—, bastante harto
del mundo y su esperpéntica tragedia,
sin esperanza ni ilusión, asqueado
de ver que el personal no tiene enmienda
—que somos lo que somos, mala gente
que escupe su veneno y va apestando la tierra—,
y que la vida no da más de sí
tampoco, porque no es justa ni es buena,
viendo la muerte como la salida
a tanta iniquidad y desvergüenza,
despierto, en medio de esta pesadilla,
me veo en tu espejo, amigo Max Estrella.

PARÁBOLA DE LOS TALENTOS

COMO un rico heredero que derrocha
alegremente su fortuna,
como si le quemara, así he vivido.

Como un rico heredero arruinado
que no lamenta lo perdido
—porque todo se acaba, todo es pasto
de las llamas del tiempo—, sobrevivo.

DICE LA MUERTE

DICE la muerte: todo es fantasía;
todo, sueño, quimera,
humo que se disipa,
sombras en la pared de una caverna.
¡Despierta!

CORRER hacia la luz y despertar
de este penoso sueño de repente.
Arrojarte sin vértigo al vacío
de la nada. Dejar de ser quien eres.

Olvidar lo soñado –o lo vivido–,
y esperar que no acierten
los que aseguran que existe otra vida
sin fin donde se vive para siempre.

Una incesante vida
sin el dulce descanso de la muerte.

ÚLTIMAS VOLUNTADES

MORIR en paz a su debido tiempo,
sin prisa, y que al morir se acabe todo.
Que no exista otro mundo ni otra vida.
Que sea la muerte el fin. El polvo al polvo.

Que no haya más infierno ni más cielo
que los que aquí viví. Que la conciencia
se olvide de juzgar y de juzgarme.
Que nada la atormente y la remuerda.

Que este ajetreo continuo del cerebro
se pare. Que no piense ni imagine.
Que no quiera saber. Que no pregunte.
Que no indague ni busque ni porfíe.

Que no haya más dolor ni sufrimiento.
Ni más odio ni amor. Que nada y nadie
duela, conmueva, dañe, hiera, importe.
Que el olvido piadoso al fin se trague

cuanto fui y cuanto fue. Que ni el más leve
recuerdo de esta vida y su delirio
me siga. Que se borre para siempre
todo lo que en la tierra llamé mío.

Que me acoja la nada en su frío vientre
y me conceda el dulce sueño eterno
—no vivir, no existir, no rendir cuentas
nunca más—. Buen final para este cuento.

(Y si toca subir de fase en otra
dimensión, que sea virgen, sin pasado,
sin memoria, sin el pesado lastre
de la vida vivida y su cansancio).

La luz. La trascendencia. La belleza.
El misterio. La gracia inagotable.
Lo divino y sagrado. Lo insondable.
Lo que está más allá de la certeza.

Lo que no entenderá nuestra cabeza
porque no cabe en ella. Lo intocable.
Lo que no es ni medible ni palpable.
Lo primigenio y limpio. La pureza.

Lo ideal. Lo perfecto. Lo soñado.
Lo prometido. El cielo. Lo esperado.
La cumbre. El fin. La última morada.

Lo que le da sentido al sinsentido
de existir. El Leteo, el dulce olvido.
La eternidad… La oscuridad… La nada.

Ω

Ay, poesía,
cómo me he complicado
por ti la vida.

II

BREVIARIO

I

QUÉ sabrán ellos
de tus misterios,
claridad.

II

DESCANSAR de la vida,
de su agridulce juego…
Si es que hay descanso
en el descanso eterno.

III

YO no sé los demás.
Yo sí pago al contado
y aquí lo que hago mal.

IV

LA belleza, la belleza…
No la nombres en tus versos.
Que se vea… Que se sienta…

V

PARA levitar,
desoír al cuerpo
y echar a volar.

VI

SE dice que la mentira
tiene las patas muy cortas,
pero llega a todas partes,
con ella todo se logra:
fama, riqueza, poder...
La verdad... ¿a quién le importa?

VII

QUÉ duro que sean siempre
los que más daño nos hacen
quienes bien nos quieren.

VIII

EL secreto de la infelicidad
es empeñarte en que suceda
lo que no puedes controlar:

que te sonría la fortuna
o que te quiera quien no quiere
verte –y lo sabes– ni en pintura.

IX

¿QUÉ tiene el deseo de bueno?
Lo bueno es no desear,
que es la más clara señal
de que uno está satisfecho.

Desear es depender
—vivir por él, para él—
de tu objeto de deseo.

X

¿EN qué pensará mi gato
cuando parece que piensa?
¿Será feliz con nosotros,
con esta vida resuelta,
o soñará con salvajes
aventuras callejeras?

¿En qué pensará mi gato
cuando parece que piensa,
tan serio y ensimismado?

XI

REGLA primera
para vivir en paz:
descargar la escopeta.
(Que vamos todos con
la escopeta *cargá*).

XII

NEGRA la noche,
negro el camino, negros
mis pensamientos.

XIII

NO me asusta la nada.
La espero, la deseo.
Lo que en verdad me aterra
es la amenaza de la vida eterna.

XIV

LA vida eterna
va sonando, a mis años,
a cadena perpetua.

XV

¿VIVIR eternamente?
La vida se soporta
porque existe la muerte.

XVI

MATAS el tiempo,
y el tiempo se te escapa.

Y, al final, es el tiempo
el que te mata.

XVII

AQUÍ sigo,
aguantando
por mi madre,
por mi hijo,
por el espíritu —santo
y mártir—,
por mi mujer,
por mi gato…

Por si acaso.

III

OTROS POEMAS

CUANDO empecé no sabía
que, al final, escribir versos
podía llevarme a esto:
a esta suerte de apatía,

de cansancio y lejanía
del mundo y sus elementos,
al vacío sentimiento
que queda al contar la vida.

¿Curarse de la poesía,
de tanto escarbar por dentro,
era el premio de este juego?
Curarse de fantasías,

de dramas, de naderías,
de falacias y de cuentos,
de vaguedades y ensueños,
de vana palabrería…

El fin de tanta porfía
conmigo mismo y el verbo
quizá era llegar a esto:
a dejarse de pamplinas

y entender que somos mínimas
partículas del inmenso
e indiferente universo,
y que todo se termina.

CANSANCIO

Estoy hasta los cojones de todos nosotros
ESTANISLAO FIGUERAS, *presidente I República*

CANSANCIO de ser alguien,
de ser algo,
de llegar a algún sitio,
a la cumbre,
a la meta.
Cansancio de los elogios,
de los honores,
del reconocimiento,
de la fama,
de la gloria,
de los premios,
de los galardones,
de los escalafones,
del éxito,
de los aplausos
y las ovaciones.
De los monstruos sagrados,
de los genios,
de las figuras
y los figurones.
Cansancio de los héroes,
de los mitos,
de las leyendas vivas
y las muertas,
de los divos,
de las estrellas,

de los triunfadores,
de los que se creen
mejores que los otros,
superiores,
divinos,
llamados y elegidos
y con derecho a todo
porque tienen
poder,
riqueza.
fama,
fuerza,
belleza,
talento
—o simplemente
la cara de cemento—.
Porque cantan,
pintan,
interpretan,
escriben,
le dan patadas a un balón,
explotan a los otros,
mienten,
roban mejor
—maestros de la estafa
y de la usura—,
mandan y ordenan,
dicen representar
a Dios en la tierra,
tienen la sangre azul
o negra,
trafican sin pudor
con lo que sea,
arruinan países,

envenenan el planeta,
decretan guerras,
etcétera.
Cansancio
de los que se endiosan
y mucho más
de los que los endiosan:
de los fans,
de los hinchas,
de los adeptos,
de los fervientes
admiradores,
de los seguidores
incondicionales,
de los partidarios,
de los secuaces;
de los gregarios,
en suma,
que se sienten rebaño,
borregos
y necesitan pastores,
guías,
faros que los alumbren
e iluminen,
espejos en los que mirarse,
pequeños dioses
a los que adorar
y por los que morir
y matar,
llegado el caso.
Ellos son,
con su babosa
mitomanía,
con su papanatismo,

con su obediencia
ciega,
con su suicida
lealtad
a los caudillos,
a los colores,
a las siglas,
a los credos,
a las banderas,
a las fronteras,
los culpables,
los que mantienen
y permiten
la división del mundo
en clases,
castas,
categorías,
mundos de primera
y de tercera:
los elegidos
y la chusma,
los que mandan
y los que obedecen,
los que viven
y los que malviven,
los triunfadores
y los perdedores,
los protagonistas
y los extras,
los comparsas,
la masa,
el bulto,
la plebe,
la carne de cañón,

el populacho
ávido
de sangre
y emociones fuertes…
Cansancio de los tronos,
de las potestades,
de los principados,
de las dominaciones,
de las abominaciones…
Del que se cree algo,
del que se cree alguien,
de los que necesitan
—sumisos,
zalameros,
aduladores serviles
y rastreros—
adorar a alguien,
adorar algo…
Cansancio
de todo aquel que olvida,
como dijo el poeta,
que, a debida distancia,
cualquier vida
es de pena.

CRIATURAS

No hay sino más penoso que el de ser
un Golem mejorado, una criatura
que nace, vive y muere
por una voluntad que no es la suya.

Creada por un ser omnipotente
que puede hacer con ella lo que quiera,
sometida a su ley y a su capricho,
igual que un personaje de novela

que se mueve por obra de su autor,
que es quien elige el argumento
y, a su manera, es Dios
en el micro universo de su cuento.

Puede crear un héroe, un villano
un miserable, un rey, un mendigo,
un santo, un pecador, lo que prefiera,
pues es él quien escribe su destino.

Así los dioses con nosotros, solo
que a nosotros nos duele la existencia,
no somos seres de papel, forjados
con palabras. Tenemos consistencia:

un cerebro que piensa y se pregunta
cómo y por qué, un cuerpo que padece,
sufre, se cansa, se consume y tiembla
ante la incertidumbre de la muerte.

Un corazón que siente. –Por desgracia,
tenemos sentimientos.
No nos hicieron de palabras,
sino de barro, carne y hueso–.

Somos gente creada por designio
de egocéntricos entes celestiales
para adorarlos fielmente, servirlos
y amarlos, pese a todo, como padres.

Los novelistas y los dramaturgos
de nuestros dramas y tragedias,
los autores de nuestras pesadillas
y de nuestra comedia.

Ellos pueden hacer que toda vida
resulte insoportable, someternos
a las más duras pruebas, condenarnos
al fuego eterno del infierno

por ser como ellos mismos nos crearon
–desobedientes, rebeldes, curiosos–,
por seguir nuestra esencia y nuestro instinto,
por querer ser nosotros.

No hay sino más penoso que el de ser
un Golem mejorado, una criatura
que nace, vive y muere
por una voluntad que no es la suya.

¿PARA QUÉ?

¿PARA qué?, te preguntas,
sabiendo de antemano
que es solo preguntar
por preguntar; que en vano

pretendes descubrir
si tiene algún sentido
la vida en general
y esta vida sin brillo

que vives, o malvives,
porque no hay más remedio
que seguir adelante
mientras nos quede tiempo.

¿El sentido de esto
es escribir acaso
la intermitente crónica
de un penoso fracaso?

¿Es vivir, si la vida
se te ha vuelto una carga
—sin placer y sin paz—
cada vez más pesada?

¿El sentido es tal vez
encontrar las respuestas,
que jamás hallarás,
del porqué la existencia?

—De todas las preguntas
que los hombres se han hecho,
sin solución, al cabo
de siglos y milenios—.

¿Y qué sentido tiene
preguntar, preguntarse,
saber o no saber,
si no va a quedar nadie

al fin para contarlo?
Nuestro sino es pasar.
Y todos pasaremos.
Y todo pasará.

THE END

DENTRO DE CIEN MIL MILLONES DE AÑOS, APROXIMADAMENTE

TE morirás, nos moriremos todos.
Se morirán la luna, el sol, la tierra.
No quedará en el cielo ni una estrella.
Se apagará la luz. No habrá ni un solo
vestigio de la vida. Poco a poco,
toda la creación se irá extinguiendo:
millones de galaxias, dioses, pueblos,
mundos que jamás vieron nuestros ojos.
Como si nunca hubiera sucedido,
todo se borrará, y no habrá nada:
solo la nada, el caos donde acaba
y empieza todo, el caos negro y frío.

DE AQUÍ A LA ETERNIDAD

LA eternidad no es humana,
no es ni natural ni nuestra.
Lo natural es que acabe
todo lo que un día empieza.

Me cuesta entender que alguien
pueda anhelar algo así:
existir eternamente
sin la dicha de morir,

que es lo que hace soportable
la vida. Si no existiera
la muerte, no habría destino
más atroz que la existencia.

Porque ¿qué hacer si llegamos,
tras la luz, a descubrir
la verdad de todo, y todo
nos muestra su rostro al fin?

¿Qué nos queda...? Sin misterio
no tiene sentido nada:
ni el arte ni el pensamiento
ni la ciencia ni la magia.

¿Qué aliciente o qué inquietud,
curiosidad o sorpresa
puede alentar a quien ya
sabe todas las respuestas?

NIRVANA

*No haber nacido es la suprema razón; pero
una vez nacido, el volver al origen de donde uno
ha venido es lo que procede lo más pronto posible*
SÓFOCLES, *Edipo en Colono*

QUE tenga o no sentido es lo de menos.
Lo terrible es que es una imposición.
El destino, el azar, el caos, Dios
nos condena a existir, a ser muñecos
del destino, de Dios, del caos... Muñecos
cogidos en la red de la ilusión
de la vida, que es nuestro mal mayor,
por buena que parezca, nuestro infierno.
Porque infierno es vivir sin el poder
de decidir, a ciegas, sin saber
qué somos ni por qué; según capricho
del destino, de Dios... A quien le pido
acabar, no existir, dejar de ser:
el nirvana, no hay otro paraíso.

A LA MANERA DE EDGAR LEE MASTERS

Si también tú creías
que todo se acababa con la muerte,
te equivocabas. No iba a ser tan fácil
escapar de la cárcel de la vida.

El sueño sigue y sigue este tormento
de existir, de ser alguien, de tener
conciencia de uno mismo.
                              Todo pasa
—como dijo el poeta— *y todo queda.*

Te lo aseguro yo, que me ahorqué
cansado de vivir, harto del mundo,
anhelando el final, la ansiada nada,
y aquí sigo llevando sobre mí
la insoportable carga
de la existencia.

IV

4 POEMAS MARGINALES

NO NOS CREÓ CON AMOR

VARIACIONES SOBRE EL MITO DE LA CREACIÓN DEL HOMBRE

No puso su talento
ni su amor en su obra.
No se esmeró el artista
que nos creó.
Pudiendo hacernos bellos,
perfectos, inmortales,
sabios, inteligentes,
pues suyo era el poder,
la perfección, la gloria,
no se esforzó. Acaso fue el cansancio
de crear tantas cosas en seis días
o el miedo a que al hacernos más hermosos,
más grandes, más divinos,
como Luzbel, nos rebelásemos
queriendo ser como él.

Pero no puso amor
ni esmero ni talento
al crearnos. Cogió los más humildes
materiales, de saldo, de derribo:
un pelo que se cae,
unas muelas infames que se pudren
y duelen, unos ojos
miopes que no ven las intenciones,
un corazón tan débil que padece

79

por todo y que un mal día se detiene,
una piel que se arruga,
que se irrita, que escuece,
un cuerpo que envejece
condenado a un sinfín de enfermedades,
un cerebro tan torpe que no acierta
ni a saber quiénes somos...
                                    No,
no nos creó con amor.
Nos creó con desgana,
como si ya supiera
que éramos un error.

RAP DE LA GUERRA

TODO lo bueno y noble que adquirimos
en milenios de historia
y civilización: el humanismo,
el respeto a la vida,
la libertad de obrar
según nuestra conciencia,
la ley de la razón ante la fuerza,
la inteligencia y el convencimiento
frente al ordeno y mando
y la obediencia ciega,
la justicia, el derecho,
la humanidad,
la democracia, no matar
bajo ningún concepto…
Todo eso y mucho más
lo perdemos en solo un día de guerra.

Detrás de las fanfarrias,
de los cantos marciales,
de las brillantes botas,
detrás de las banderas,
los estandartes, las arengas,
las bendiciones de los capellanes,
del pueblo enardecido
que vitorea, aplaude

y despide a sus jóvenes
para verlos volver lisiados, muertos,
envejecidos y culpables,
con la conciencia y con las manos
sucias de sangre…

Detrás de los banqueros,
de las soberbias elites,
de los dueños del mundo
que mandan a la gente cual borregos
a morir y matar por ellos,
por sus sucios negocios,
por su dinero negro…,
solo hay dolor, miseria,
campos de refugiados
o de concentración,
cárceles, pelotones
de ejecución,
miedo y desolación,
familias rotas,
hijos sin padres,
novios sin pareja,
ruina, destrucción,
ciudades muertas,
muertos en las cunetas,
llanto, pena y dolor…
Lo más ruin y lo peor
del ser humano:
saqueo, violación,
corrupción y pillaje,
tortura y crimen,
violencia, crueldades,
venganza, odio, rencor…

No hay grandeza en la guerra
ni heroísmo en matar.
Toda guerra es un crimen
contra la humanidad.

SI TE CAES, LEVÁNTATE

—¡Si te caes, levántate! –¿Por qué
me debo levantar…? ¿Por qué no puedo
quedarme aquí sentado mientras pienso
y descubro en qué piedra tropecé?

Lo primero es parar y comprender
la razón o el motivo del tropiezo:
¿corría demasiado, iba derecho
o dando mil rodeos y traspiés?

Entiendo que es la vida una carrera
que deja sin piedad en la cuneta
al que flaquea o al que pierde el paso.

Pero ¿qué prisa hay, si no sabemos
ni dónde vamos ni por qué corremos?
Si te has caído, piénsalo sentado.

DEL SECRETO DE LA VIDA

EL secreto de la vida
puede que sea vivir
sin pensar, pasar, fluir
y disfrutar sin medida
del amor, de la comida,
de la fiesta, estar a gusto
y evitar todo disgusto.
Sería también conveniente
no ser muy inteligente,
razonar solo lo justo.

ÍNDICE

I
LA VEJEZ DEL POETA

II
BREVIARIO

III
OTROS POEMAS

IV
4 POEMAS MARGINALES

LA VEJEZ DEL POETA
DE JAVIER SALVAGO
SE TERMINÓ DE IMPRIMIR
EL 5 DE FEBRERO DE 2026